能と狂言の図鑑　目次

能楽ってなんだろう？
- 能楽堂に行ってみよう ……… 3
- 能楽堂ってどんなところ？ ……… 4
- どんな人が舞台に立つの？ ……… 6
- コラム1　揚幕の奥はどうなってるの？
  能舞台の裏側 ……… 9

能の世界を見てみよう
- 能に登場するキャラクター1 ……… 10
- 能に登場するキャラクター2 ……… 12
- 能のストーリー ……… 14
- 美しく舞う、神秘的な天人
  清らかさが漂う『羽衣』 ……… 18
- 豪華な織物を着て演じられる身分の高い女性
  嫉妬の情念が鬼と化す『葵上』 ……… 20
- 過去を振り返りうらみを語る幽霊
  理不尽に殺された漁夫の亡霊がよみがえる『藤戸』 …… 22
- 山に住み、自由に空を飛ぶ天狗
  りりしい少年と天狗のパワーが力強い『鞍馬天狗』 …24
- コラム2　牛若丸と源義経
  能の題材となった源平合戦 ……… 27
- 恐ろしい出立ちの妖怪
  退治され亡霊となった妖怪『鵺』 ……… 28
- 僧に化けて襲いかかる妖怪
  源頼光たちに退治された妖怪『土蜘蛛』 ……… 30
- 能の顔　さまざまな能面 ……… 32
- 能をいろどる小道具 ……… 34
- 能をいろどる舞台装置 ……… 36

狂言の世界を見てみよう
- 狂言に登場するキャラクター1 ……… 38
- 狂言に登場するキャラクター2 ……… 40
- 狂言のストーリー ……… 42
- 狂言の人気者！　太郎冠者
  主人の大切な砂糖を食べてしまった
  太郎冠者の言い訳とは……『附子』 ……… 46
- 見た目は恐いけれど、実は臆病者の鬼
  だまされてしまう鬼のこっけいな姿『節分』 ……… 48
- 気が強く、わわしい（口うるさい）女
  夫婦げんかの末、夫が迎えた結末は…『髭櫓』 ……… 50
- 念力も使えず、ちょっと情けない山伏
  いろいろな動物のものまねが楽しい『柿山伏』 ……… 52
- 着ぐるみ姿のかわいいサル
  小猿の愛くるしさが大名の心を動かす『靱猿』 ……… 54
- 人に化けるキツネ
  キツネになりきった迫力の演技が見もの『釣狐』 ……… 56
- 狂言をいろどる道具 ……… 58

能・狂言を楽しもう
- 能の基本的な動き1 ……… 60
- 能の基本的な動き2 ……… 62
- 狂言の基本的な動き ……… 64
- 狂言のおもしろい言葉 ……… 66
- 能楽師になるには ……… 68
- 能と狂言の歴史 ……… 70
- 全国の主要能楽堂 ……… 72
- 能楽を見に行こう！ ……… 74
- 能楽の流派 ……… 75
- コラム3　世界無形文化遺産になった能楽 ……… 76

さくいん ……… 78

能楽堂に行ってみよう

横浜能楽堂提供

能楽堂ってどんなところ？

橋がかり
本舞台から続く廊下。演者が舞台に向かったり、退場したりするときの通り道。

揚幕
橋がかりと鏡の間との間にかけられた幕。緑・黄・赤・白・青・紫など3～5色の布でできていて、演者の舞台への出入口となっている。

鏡の間 ▶9ページ
舞台と楽屋の間にある板張りの部屋。姿見の大鏡が置いてあり、したくを終えた役者が面をつけたり、出番を待つ場所。

一ノ松、二ノ松、三ノ松
舞台側から一ノ松、二ノ松、三ノ松と3本の松が立つ。遠ざかるにつれて、だんだん小さくなっていて、遠近感を出す効果がある。

舞台を上から見ると

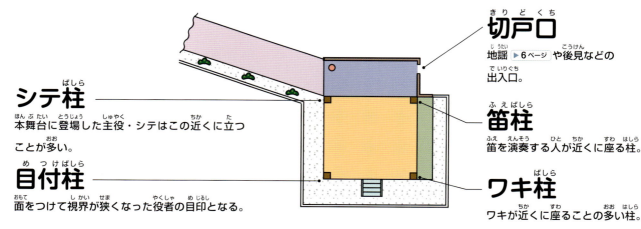

切戸口
地謡 ▶6ページ や後見などの出入口。

シテ柱
本舞台に登場した主役・シテはこの近くに立つことが多い。

笛柱
笛を演奏する人が近くに座る柱。

目付柱
面をつけて視界が狭くなった役者の目印となる。

ワキ柱
ワキが近くに座ることの多い柱。

能楽ってなんだろう？

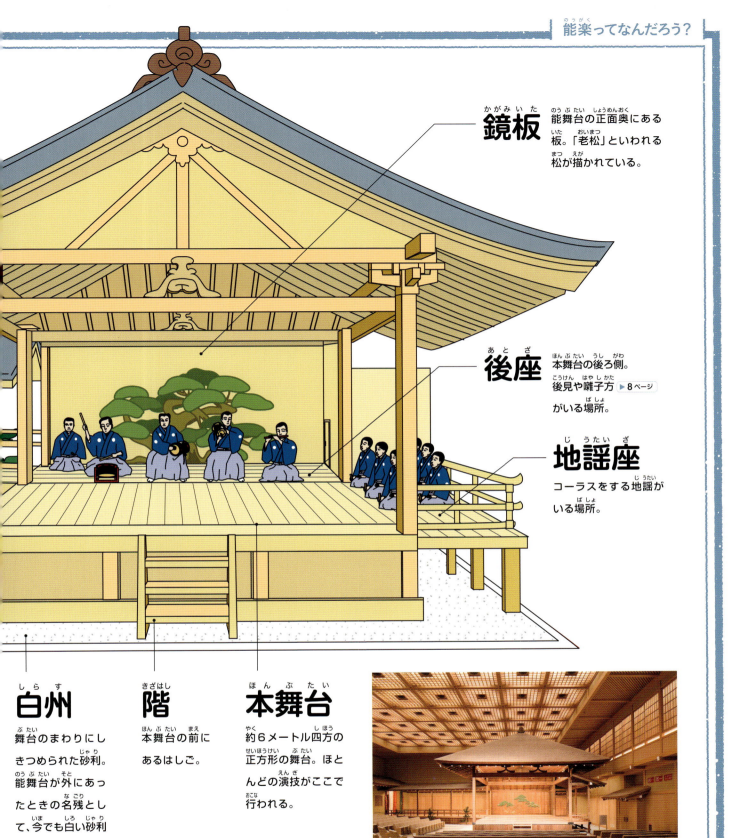

鏡板 能舞台の正面奥にある板。「老松」といわれる松が描かれている。

後座 本舞台の後ろ側。後見や囃子方がいる場所。 ▶8ページ

地謡座 コーラスをする地謡がいる場所。

白州 舞台のまわりにしきつめられた砂利。能舞台が外にあったときの名残として、今でも白い砂利がしかれる。

階 本舞台の前にあるはしご。

本舞台 約6メートル四方の正方形の舞台。ほとんどの演技がここで行われる。

横浜能楽堂本舞台

※後見……舞台のサポート役。

どんな人が舞台に立つの？

能と狂言は、室町時代に行われるようになった演劇です。能は、うたいながらゆったりとした舞や動作で演じる劇です。狂言は、独特のセリフとしぐさで表現する劇です。それぞれシテと呼ばれる主役を中心に、数人の出演者がそれぞれの役割で物語を表現します。

主役を演じる シテ方

シテは能面をつけ豪華な衣装を着て、うたい、舞う、能の主役である。シテを演じる役者のグループをシテ方と呼ぶ。登場人物の気持ちや物語の情景を謡（歌）で表現する「地謡」も、シテ方の役者の仕事である。6〜8人が地謡座にならんで座り、声をあわせてうたう。

シテ

地謡

相手役を演じる
ワキ方

シテの相手役を演じる人たち。ワキは、最初に登場してシテの登場のきっかけをつくったり、話を引き出したりする役割をもっている。ときにはシテと戦うこともあり、能面をつけず、いつも素顔で登場する。

狂言を演じる
 # 狂言方

能舞台の上では能だけでなく狂言も演じる。狂言は、ふつう2〜3人の登場人物の言葉のかけあいで、話が進んでいく。狂言を演じる狂言方は、能にも登場し、途中でストーリーの説明をしたり、使用人の役を演じたりする。

リズムを奏でる 囃子方（はやしかた）

笛、小鼓、大鼓、太鼓を演奏して、舞や地謡を引き立てる役目をする。楽しい雰囲気のリズムを演奏したり、役者の動きのタイミングをあわせる合図になったりする。

笛（ふえ）

能で使われる横笛は「能管」と呼ばれる。メロディーを奏でる。

太鼓（たいこ）

2本のバチでたたいて演奏する。明るく力強い音が鳴る。

小鼓（こつづみ）

右肩に乗せて、右手で打つと「ポン」というやわらかい音が出る。ひものにぎり方で音の高さを調整する。

大鼓（おおつづみ）

左ひざに乗せて、右手で打って演奏する。「カンカン」とかたい音がする。

意外と身近　能楽とひなまつり

ひな人形の三段目に飾る五人囃子は、能の地謡、囃子方で構成されている。それぞれ左から太鼓、大鼓、小鼓、笛とならび、そして扇を持つ謡手が右端に置かれている。

コラム 1 揚幕の奥はどうなってるの？

能舞台の裏側

本舞台の裏側、揚幕の奥には、舞台の準備をするための部屋があります。それぞれの使い方や役割にあわせて、特徴のある構造になっていて、舞台を円滑に進めるための工夫がされています。

鏡の間

舞台がはじまる前に、シテが衣装を整えたり、面をつけたり、精神を落ち着かせたりする場所。全身が映る大きな鏡が置かれているので、「鏡の間」といわれている。

楽屋

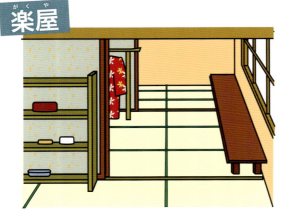

役者それぞれの控え室が、役ごとに決まっている。各役は楽屋でそれぞれの衣装に着替える。囃子方はここで楽器の準備もする。楽屋には舞台の進行状況を確認するためのテレビモニターがついていることもある。

能ってどんなもの？

能に登場するキャラクター1

鬼女 ▶21ページ

『葵上』に出てくる鬼女。
般若の面が特徴的。

女 ▶21ページ

『葵上』に出てくる女。豪華な
衣装を身につけている。

天人 ▶19ページ

『羽衣』に出てくる天人。
神聖な女性をイメージさせる。

幽霊 ▶23ページ

『藤戸』に出てくる幽霊。
殺されたときの様子を再現する。

能の世界を見てみよう

謡（歌）とセリフと舞とで演じるミュージカルのような演劇なんじゃ。

能には、人間以外にも、幽霊、精霊、神、鬼、妖怪など、さまざまなキャラクターが登場するぞ。シテは役にあわせて衣装と能面をつけて演じるんじゃ。チャンバラが入る作品もあるんじゃよ。

妖怪 天狗
▶ 25ページ

特徴
『鞍馬天狗』に出てくる天狗。布頭巾や大きな目鼻の面が特徴。

牛若丸
▶ 26ページ

特徴
『鞍馬天狗』に出てくる牛若丸。身長よりも長い長刀を持つ。

妖怪 鵺
▶ 29ページ

特徴
『鵺』に出てくる妖怪・鵺。頭はサル。しっぽはヘビ、手足はトラの姿。

妖怪 土蜘蛛
▶ 31ページ

特徴
『土蜘蛛』に出てくる妖怪・土蜘蛛。豪快に蜘蛛の糸を投げつける。

ほかにも、こんな者たち

能に登場するキャラクター2

神

特徴

『高砂』に登場する住吉明神。めでたい舞を舞い、平和な天下を祝う。位の高い役に用いられる狩衣という礼装をまとい、神様の風格を表現している。神の舞は非常に速いテンポで、さっそうと舞われる。

草花の精

特徴

『西行桜』に登場する年老いた桜の精。たくさんの花見客が訪れてさわがしいのを桜のせいだと非難する西行法師に対し、老桜の精があらわれて、桜に罪はないと述べ、静かな舞を舞う。老人の面をつけた精霊の舞は、非常にゆったりしたテンポ。

が登場するぞ

| 能の世界を見てみよう |

狂女

特徴 『隅田川』に登場する狂女。さらわれた我が子を探してはるばる東国までやってきた母親。頭にかぶる笠は東国までの長い旅の道のりを、手に持つ笹の葉は母親の不安定な精神状態をあらわしている。狂女が登場する能は、我が子に再会しハッピーエンドになるものが多いが、『隅田川』は我が子がすでに一年前に死んでいたという悲劇的な結末。

武蔵坊弁慶

特徴 『安宅』に登場する武蔵坊弁慶。弁慶は少年の源義経と出会って以来、義経の味方として常につきしたがっていた勇壮な僧侶。義経が兄の源頼朝に追われて、奥州(今の岩手県)に逃れることになったときには、山伏に姿をかえ、敵に見つかりそうになった義経の危機を救った。

武将の幽霊

特徴 『清経』に登場する平清経の幽霊。海に身を投げた平清経が妻の前に幽霊となってあらわれる。優美な衣装を身につけ、身分の高い武将の姿をあらわしている。

能のストーリー

能の演目は、大きく夢幻能と現在能の2つに分けられるぞ。

夢幻能

ずっと昔に死んだ人の幽霊や、鬼、神など、現実の人間ではない霊的なものが、夢の中にあらわれ、その場所にかかわる物語を聞かせたり、舞を舞ったりする。『清経』や『西行桜』などがある。

現在能

テレビドラマや映画と同じように、現実の世界に生きる人どうしの物語を演じるのが現在能。家族の愛情、主君と家来とのつながりなど、人間の気持ちを描く。『安宅』などがある。

能の世界を見てみよう

主題や役柄によって
5つに分けることもできるのね。

初番目物
主役は神。神社などの縁起、祝いの言葉を語る演目で、「脇能物」とも呼ばれる。『高砂』などがある。

二番目物
戦いで死んだ武将の霊が主人公となる演目。「修羅物」とも呼ばれる。『屋島』『清経』などがある。

三番目物
優美な女性、貴公子の霊、植物の精、天人などが主人公となる。シテが、上品な舞を舞う。『羽衣』『西行桜』などがある。

四番目物
「雑物」とも呼ばれ、さまざまな趣きの演目が上演される。『葵上』『隅田川』などがある。

五番目物
主に天狗、鬼、けだものなどが主人公。まれに貴公子などの場合もある。「切能物」とも呼ばれ、テンポの速い作品が多いのが特徴。『鞍馬天狗』『鵺』などがある。

能の世界を見てみよう

羽衣(はごろも) ▶18ページ

美しく舞う、神秘的な天人

清らかさが漂う『羽衣』

ストーリー

春の三保の松原。白竜という漁師がつりに来ました。すると、花びらが舞い、音楽が聞こえ、よい香りにつつまれます。ふと松の木を見上げると、枝にかかっている美しい衣を見つけました。白竜は家の宝にしようと思い、衣を持ち帰ろうとします。そこに天人があらわれ、「それは自分のもので、天の羽衣なので返してほしい」と頼みます。白竜が「返す代わりに、天人の舞を見せてほしい」とお願いすると、天人は「羽衣がないと舞えない」と言います。「羽衣を返したら、舞わずに天に帰ってしまうだろう」と疑う白竜に、天人は「天にウソはありません」と言います。その言葉に、恥ずかしくなった白竜は羽衣を天人に返します。天人はよろこび、羽衣をまとって、月の世界のことや三保の松原の美しさをたたえながら舞います。あたりは極楽世界になったかのようです。やがて天人は、数々の宝を降らせながら、富士の高嶺へと舞い上がり、春霞の中、消えていきました。

豆知識

昔話でもおなじみの羽衣伝説をもとにしたお話。舞台となっている三保の松原とは、現在の静岡県静岡市の三保半島にある景勝地。日本新三景のひとつとされ、富士山とともにユネスコの世界文化遺産に登録されている。

能の世界を見てみよう

天上界を思わせる、春らしく明るく清らかな雰囲気

能の代表的な作品で、うすい衣をまとった天人が、美しく舞いながら天に消えていく姿が印象的。

面　増女
気高く神聖な女性のイメージをもつ面。紅入という赤色の入った衣装を着る女性の役に使われる。深みのある表情で天女や女神などにも使われる。

かぶり物　天冠
天上の世界の人であることをあらわす。かざり物をつけた輪冠。かざり物には月や牡丹などがある。

小道具　天女扇
三番目物のシテが使う鬘扇のひとつ。初番目物に登場する天女が使う流派もある。

衣装
天の羽衣を象徴する長絹または舞衣。

言ってみよう！『羽衣』のセリフ

いや疑ひは人間にあり、
天に偽りなきものを。

訳　いいえ、疑うことは人間の世界にだけあることで、天にはそもそも偽りというものがないのに。

豪華な織物を着て演じられる身分の高い女性

嫉妬の情念が鬼と化す『葵上』

ストーリー

高貴な女性、葵上は、なにかのたたりで苦しめられています。たたりをはらおうと、さまざまな方法を試しますがうまくいきません。巫女の占いにより、たたりの正体を明らかにすることとなりました。占いにより姿をあらわしたのは、恋敵の六条御息所の怨霊でした。六条御息所は、葵上に負けたことや恥をかかされたことを恨み、葵上の魂を抜き取ろうと、怨霊となって出てきたのです。嫉妬と怒りをおさえきれなくなった六条御息所の魂は葵上の命をうばおうとします。家臣たちは、その激しさに恐れおののき、偉大な法力をもつ横川の小聖に助けを求めます。祈祷をはじめた小聖と、鬼女の姿となった六条御息所は、激しく戦い、やがて六条御息所の怨霊は説きふせられ、心安らかに成仏したのでした。

豆知識

タイトルとなっている葵上は、実際には登場しない。舞台上に1枚の小袖が置かれ、抵抗もできずに寝ている葵上の姿をあらわしている。

能の世界を見てみよう

 特徴 **一皮むいたら鬼**

主役の六条御息所は、女性らしい豪華な唐織の下に、鱗模様の鬼の衣装を身にまとっている。
前半では内に秘めている嫉妬心を後半に爆発させ鬼になる。

 面 **泥眼**

嫉妬に苦しむ女性の怨霊をあらわしている。

 衣装

豪華な唐織の着物は、高貴な女性をあらわしている。内側には三角形を一面にならべた鱗模様の着物・鱗箔をつける。
鱗模様は鬼女や龍女の象徴。

小道具 **鬼扇**

『葵上』や『道成寺』など、般若の面 ▶33ページ をつける役が使う。

 『葵上』のセリフ

あら恥づかしや今とても、
忍び車の我が姿。

訳 ああ恥ずかしい。人目につかないようにひっそりと車に乗ったわたし……。

 特徴 **本性をあらわした鬼女**

後半に登場する。般若の面は、女性の嫉妬と怒りと悲しみを表現している。
手に持った打ち杖 ▶29ページ を振り上げ、ワキの横川の小聖と戦う。

言ってみよう! 『葵上』のセリフ

あら恨めしや、今は打たでは叶ひ候ふまじ

訳 ああ恨めしい。どうしてもこの女を打たずにいることができません。

過去を振り返りうらみを語る幽霊

理不尽に殺された漁夫の亡霊がよみがえる『藤戸』

ストーリー

佐々木盛綱は、藤戸の戦で活躍したごほうびに、児島を与えられ、新領主となります。児島へ行った盛綱は、領主として「なにか話したいことがある者は話してみよ」と領民に言います。すると、一人の中年女性があらわれ、「あなたに殺されたわが子を返してくれ」と、盛綱を責め立て、涙ながらにうったえます。昔、盛綱は、戦で活躍しようと児島の漁師であった若者に浅瀬の場所を聞き、口封じのためその若者を殺したのです。自分の罪を認め、そのときの様子を語る盛綱。盛綱は、若者の母親である女にあやまり、若者が成仏するように弔うことを約束します。

盛綱がその若者を弔ってお経を唱えていると、若者の亡霊があらわれ、殺されたときの様子を再現しはじめます。そして、「恨みがあり、たたってやろうと思っていたが、弔いを受けて成仏できる」と語り、消えていきました。

豆知識

『平家物語』第10巻『藤戸』をもとにしてつくられた能。能舞台ではシテをやる役者は、前半では若者の母親、後半では殺された若者、と前後でまったく別の人の役を演じることになる。

能の世界を見てみよう

特徴 杖にすがる漁師の霊

殺されたときの様子を再現し、杖を太刀に見立てて自分につきさし、海に沈められて漂う様を見せる。盛綱によって罪もないのに殺された庶民の深い悲しみ、苦しみを描いている。

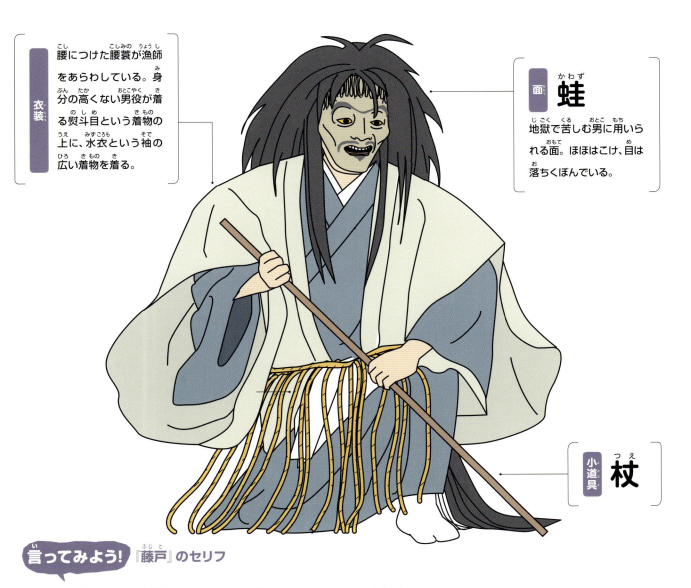

衣装：腰につけた腰蓑が漁師をあらわしている。身分の高くない男役が着る熨斗目という着物の上に、水衣という袖の広い着物を着る。

面：蛙
地獄で苦しむ男に用いられる面。ほほはこけ、目は落ちくぼんでいる。

小道具：杖

言ってみよう！ 『藤戸』のセリフ

御弔ひは有難けれども、恨みは尽きぬ妄執を、申さんがために来りけり。

訳：弔っていただくことはありがたいですが、恨みは尽きないので、その断ち切れない執念を、申しあげようとして来たのです。

山に住み、自由に空を飛ぶ天狗

りりしい少年と天狗のパワーが力強い『鞍馬天狗』

ストーリー

桜が満開の京の鞍馬山。一人の僧が、子どもたちをつれて花見を楽しんでいました。そこへ、知らない山伏がやってきます。すると、僧と子どもたちは花見をやめて帰ってしまいました。しかし、一人だけ帰らない子どもが。それが牛若丸、のちの源義経だったのです。山伏と牛若丸はおしゃべりをしたり、鐘の音を聞いたり、桜の花を見たりしているうちに仲良くなります。牛若丸は「ほかの子どもたちは、平家の子どもだから大事にされているけれど、自分はあまり大事にされていない」と山伏に話します。そんな牛若丸に同情した山伏は「実はわたしは大天狗なんだ。戦い方を教えてあげるので、また会おう」と言って姿を消します。
翌日、いろいろな山の天狗をつれてあらわれた大天狗。牛若丸に戦い方を教えます。そして、いつの日か大人になって戦うときは牛若丸の味方になることを約束し、去っていきました。

豆知識

源義経の子ども時代のできごとを題材にしたお話。大勢の子どもが登場し、華やかな雰囲気となる。牛若丸以外の子どもは、あまり動きがなく、多くの子どもたちの初舞台となることが多い。

能の世界を見てみよう

牛若丸を守護する天狗

能ではよい天狗と悪い天狗が登場する。鞍馬天狗の天狗は、牛若丸の味方になるよい天狗。前半は山伏姿で登場し、後半に大天狗として登場。有名な山々の天狗を引きつれてあらわれる。

かぶり物
赤頭（白頭の場合もある）に、金の糸で模様が織られた大きな布頭巾をつけている。

小道具　羽団扇
天狗が使う団扇の形をした扇。

面　大癋見
ぎゅっと力強く結んだ口と、大きな目鼻が特徴的。主に天狗に用いる。

衣装
一番上に袷狩衣という衣装を着る。無地に金色で模様を織り出した、重厚な生地。袷狩衣は神や天狗などの役に用いる。

言ってみよう！　『鞍馬天狗』のセリフ

そもそもこれは、鞍馬の奥僧正が
谷に年経て住める大天狗なり

訳　そもそもわたしは、鞍馬の奥にある僧正が谷に長い年月住んでいる大天狗である。

少年勇者・牛若丸

鞍馬山にある鞍馬寺にあずけられた牛若丸。幼いながらもりりしく華やかな姿で登場する。

衣装 赤色を用いた着物が少年らしさを表現。はちまきは武道の達人であることを示している。

小道具 長刀 少年の身長よりも長い長刀を上手に振り回す。

言ってみよう！ 『鞍馬天狗』のセリフ

只今小天狗ども来り候ふほどに、薄手をも斬り付け、稽古の際を見せ申したくは候ひつれども、師匠にや叱られ申さんと思ひ留まりて候。

訳 小天狗どもが来ましたので、軽く斬りつけて、けいこの結果の腕前をお見せしようとは思いましたが、それでは師匠に叱られてしまうのではないかと思い、とどまりました。

能の世界を見てみよう

コラム2 牛若丸（うしわかまる）と源義経（みなもとのよしつね）

能（のう）の題材（だいざい）となった源平合戦（げんぺいがっせん）

能には、源平合戦がもととなったお話が多くあります。1159年、平治の乱で源義朝を倒した平清盛は、それ以降、力を強めていきます。そんな平氏をおもしろくないと思った各地の武士たちの間で、平氏を滅ぼし、新しい政権をつくり上げようとする動きが起こります。ここで活躍したのが、源頼朝や源義経などの源氏の武士たちです。源氏は数々の戦いで平氏を打ち負かし、ついには滅ぼします。この約5年間の戦いのことを、源平合戦といいます。

牛若丸＝源義経

牛若丸は、京都の鞍馬山で天狗を相手に武道の修業をしたと伝えられています。その牛若丸は大人になって、源 義経と名前を変え、合戦で大活躍。ついには平氏を滅ぼします。能のお話には、そんな牛若丸や源 義経がたびたび登場します。

こんなお話に登場

牛若丸が登場するお話は‥‥『鞍馬天狗（くらまてんぐ）』
　　　　　　　　　　　　　『橋弁慶（はしべんけい）』

源 義経が登場するお話は‥‥『船弁慶（ふなべんけい）』
　　　　　　　　　　　　　『安宅（あたか）』
　　　　　　　　　　　　　『屋島（やしま）』

27

恐ろしい出立ちの妖怪

退治され亡霊となった妖怪『鵺』

ストーリー

昔、ある僧が熊野から京都を目指して旅をしていました。途中、日が暮れてきたため、宿泊先を探しますが、里の決まりで人を泊めることができないと断られます。僧は、しかたなく、川沿いのお堂に宿泊することにしました。僧が休んでいると、一隻の舟が目の前にあらわれます。そこには、得体の知れない不思議な姿の人物が……。僧が名前を聞くと、「自分は鵺という妖怪の亡霊なのだ」と言い、「昔、自分は源頼政に射抜かれ、退治されたのだ」と話して消えていきます。

僧がその亡霊を弔ってお経を唱えていると、先ほどの亡霊が鵺の姿であらわれます。そして、頼政がどのようにして自分を成敗したのか、自分を倒したことで頼政はすばらしい剣をもらい、自分は舟に押しこめられ、暗い水底に沈められたのだと語り、救いを求めながら、再び海の彼方へと消えていきました。

豆知識

平安時代の末期、天皇の御所の警護にあたっていた源頼政は、怪しい黒雲が御殿の上にきたとき、「南無八幡大菩薩」と心の中で唱えて、矢を射た。すると頭はサル、しっぽはヘビ、手足はトラの姿をした恐ろしい妖怪・鵺が落ちてきたという。退治された鵺は笹のうつほ舟に乗せられ流されたといわれている。源頼政は、その後、平氏を滅ぼすための戦いをはじめる。

能の世界を見てみよう

頭はサル、しっぽは蛇、手足はトラ

『鵺』の主人公の出立ちは、おぞましげで不気味な雰囲気。前半に登場する亡霊は黒髪をふりみだし、妖怪変化の不気味さを漂わせる。後半には妖怪の正体をあらわし、頭はサル、しっぽはヘビ、手足はトラというかっこうをイメージした、いかにも怪しげな姿で登場する。

面　猿飛出
サルに似た妖怪の面。

衣装
赤い長い毛のかぶりものをつける。大胆な模様が妖怪としての不気味さを表現。

小道具　打ち杖
鬼や妖怪が持つ杖。その名のとおり、人を打つ武器として用いられる。

言ってみよう！　『鵺』のセリフ

頼政は名をあげて、我は名を流す。うつほ舟に押し入れられて〜
冥きより冥き道にぞ入りける

訳　源 頼政は英雄として有名になり、わたしは妖怪として名前が知られてしまった。そして、木をくりぬいてつくられた舟に入れられて……暗い暗い冥土の道を行くことになった。

僧に化けて襲いかかる妖怪

源頼光たちに退治された妖怪『土蜘蛛』

ストーリー

病気で寝こんでいる源頼光のもとに、薬がとどけられます。しかし、頼光の容体は、ますます重くなるばかり。

夜もふけていったころ、頼光の病床に見知らぬ一人の僧があらわれ、「病状はどうか」とたずねます。おかしいと思った頼光が、僧に名前をたずねると、「わが背子が来べき宵なりささがにの」と『古今集』の歌を口ずさみつつ近づいてきて、蜘蛛の糸を投げかけ、頼光をからめとろうとします。頼光は刀をぬいて応戦します。頼光の刀に切られ、けがをした僧は、山へと逃げていきました。頼光の部下の武士たちが、僧のあとを追いかけ、血のあとをたどっていくと、古い塚にたどり着きます。その塚をこわすと、中から土蜘蛛の精があらわれます。蜘蛛の糸を投げて抵抗する土蜘蛛。武士たちは土蜘蛛を倒し、よろこび都へ帰っていきました。

豆知識

なんといっても蜘蛛の糸が見どころ。土蜘蛛の精が、和紙でつくられた蜘蛛の糸を、豪快に投げつけると、糸が舞台上にぱっと広がる。

蜘蛛の糸を派手に投げつけ戦う

鬼の面をつけ、蜘蛛の糸を派手に投げつける恐ろしい土蜘蛛の精。蜘蛛の巣から姿をあらわし、源頼光の一行とはげしく戦う。

小道具　蜘蛛の糸
和紙でつくられた蜘蛛の糸。紙の先に金属の重みがついていて、遠くまで糸がとぶようにできている。

面　しかみ
鬼の役に用いる面。口は大きく開き、眉間にしわをよせた恐ろしい表情。

小道具
赤毛のかぶり物。黒毛を用いることもある。

衣装
上着として羽織るこの衣装は、荒々しい鬼神や勇壮な武将の姿をあらわしている。

言ってみよう！　『土蜘蛛』のセリフ

汝知らずや我昔、
葛城山に年を経る、
土蜘蛛の精魂なり、

訳　あなたは知らないだろうが、わたくしは昔から葛城山にいる、土蜘蛛の精霊なのだ。

能の顔　さまざまな能面

能面は、登場人物の性格をあらわす大切な道具です。女の面、鬼の面、妖精の面、幽霊の面など、いろいろな種類がありますが、ひとつの面がいろいろな作品に使われるのが一般的です。

小面
能面を代表する女面。16、7歳の少女のかわいらしさを表現している。

面の裏
面の裏は黒く塗られていることが多い。面をつくった人の名前などが書かれていることもある。

> 数ある能面の中で
> いちばん美しいのは
> この私よ。

能の世界を見てみよう

般若(はんにゃ)
嫉妬(しっと)の怒(いか)りと悲(かな)しみで美(うつく)しかった女性(じょせい)が鬼(おに)のようになった姿(すがた)をあらわしている。

> ぼく蛙(かわず)っていう名前(なまえ)なんだけど、カエルに似(に)てるかな? どう見(み)ても人間(にんげん)だよね。男(おとこ)の亡霊(ぼうれい)の面(おもて)として使(つか)われるよ。なぜ蛙(かわず)っていう名前(なまえ)がついたのかは、よくわかっていないんだ。

> いつも酔(よ)っぱらっているから、顔(かお)が真(ま)っ赤(か)なんだ。

猩々(しょうじょう)
中国(ちゅうごく)に住(す)むお酒(さけ)が大好(だいす)きで陽気(ようき)な妖精(ようせい)・猩々(しょうじょう)の面(おもて)。年齢不詳(ねんれいふしょう)のつやと若々(わかわか)しさがある。

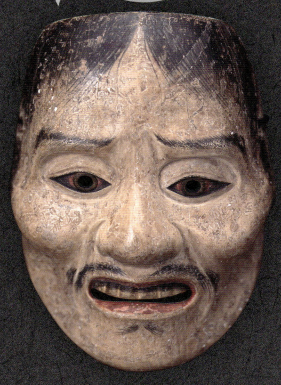

蛙(かわず)
弱(よわ)さと哀(あわ)れさを表現(ひょうげん)した怨霊面(おんりょうめん)。

能をいろどる小道具

能では衣装の着方や、面、冠、扇の組みあわせや色をかえることで、役の特徴を表現しています。

『羽衣』に登場する天人。華やかな牡丹の天冠をつけている。

輪冠
頭につけるかぶり物のひとつ。金色の冠で、つるや草、雲などの模様がある。役によって冠の上にのせるものがかわる。

月
天人や植物の精などがつける輪冠を天冠という。上部に月を立て、天上の世界の人であることをあらわす。牡丹や白蓮を立てることもある。

キツネ
稲荷明神の神様がキツネの精霊の姿であらわれる『小鍛冶』で、キツネの精霊がつける。

鶴と亀
中国が舞台の『鶴亀』で、皇帝が長生きするように、と舞を舞う鶴と亀の役がそれぞれつける。

能の世界を見てみよう

唐織
主に女性の着物として使われる。10種類以上の糸を使って織りあげた華麗な織り物。赤が入る紅入は若い女性に、赤の入らない無紅は母親や中年女性に用いる。

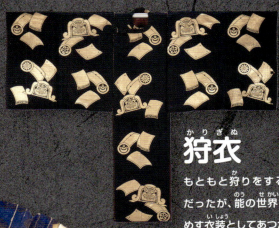

狩衣
もともと狩りをするための衣装だったが、能の世界では威厳をしめす衣装としてあつかわれている。裏にも布をあわせた袷狩衣は神や鬼神など重みのある登場人物で、1枚の布のみの単狩衣は貴族や草木の精に用いられる。

紅入鬘扇
女神や草花の精など、主に若い女性の役柄に使う扇で、赤色が目立つのが特徴。

鬼扇
般若の面をつけた、鬼女の役が持つ扇。

勝ち修羅扇
戦に勝った武将の霊の役に用いる扇で、松に日の出の図柄が描かれている。

負け修羅扇
敗戦の武将の霊の役に用いる扇で、波に沈んでいく太陽が描かれている。

能をいろどる舞台装置

基本的に舞台装置を使わない能ですが、お話によっては「作り物」と呼ばれるかんたんな舞台装置を使います。役者の演技をより効果的に見せるためのものです。材料は、竹、木、布などで、上演ごとにつくられ、終わるとばらばらにもどします。

鐘

女の怨霊が登場する『道成寺』に出てくる作り物の鐘。女が鐘に入ると同時に鐘が落ち、鐘が引き上げられると、蛇に変身した女があらわれる。

能の世界を見てみよう

車
牛が引く車、牛車の作り物。竹の枠に丸い屋根をつけ、引き手をつける。花見車、物見車ともいう。

井戸
お話によって、井戸につけられるものがかわる。『伊勢物語』に出てくるお話がもとになった『井筒』では、手前にすすきがつけられる。

屋形舟
竹でつくった本体に屋根をつけた舟。骨組みだけで、舟底はない。この中に演者が入ると、舟に乗っていることをあらわす。

塚
竹で組んだ四角い枠の上に、竹の柱を立て、その上を木の葉や布でおおう。鬼神や幽霊がひそむ塚または墓をあらわす。

松の立木台
舞台上に松をそのまま立てることができないので、このような立木台を用いる。演目によっては、松のほかに、桜、梅などを立てることもある。

狂言ってどんなもの？

狂言に登場するキャラクター1

太郎冠者 ▶47ページ
特徴 『附子』に出てくる太郎冠者。明るく、親しみやすい、狂言の人気者。

次郎冠者 ▶47ページ
特徴 『附子』に出てくる次郎冠者。太郎冠者の相方で、2番目の使用人。

鬼 ▶49ページ
特徴 『節分』に出てくる鬼。見た目は恐いけれど、愛きょうがある。

女 ▶51ページ
特徴 『髭櫓』に出てくる女。気が強く、毛抜きを持ち夫につめよる。

| 狂言の世界を見てみよう |

狂言は、室町時代の人々の日常を、おもしろおかしく描いた劇なんじゃ。

狂言には、ユニークなキャラクターがたくさん登場するぞ。
鬼、サルやキツネなんかが主役のお話もあるんじゃ。
狂言師は、大げさなセリフと動きで物語を表現するんじゃよ。

山伏 ▶53ページ
特徴 『柿山伏』に出てくる山伏。カラスやサルのものまねをする。

サル ▶55ページ
特徴 『靭猿』に出てくるサル。モンパという衣装で全身をおおう。

キツネ ▶57ページ
特徴 『釣狐』に出てくるキツネ。獣足という歩き方をする。

ほかにもゆかいな登場人物か

狂言に登場するキャラクター2

すっぱ

狂言に登場する数少ない悪者。調子のいい性格で、口が達者。人をだましたり、ちょっとした悪いことをしたりする。イラストは、『仏師』に出てくるすっぱで、仏像に化けて悪さをしているところ。

僧

僧なのにお布施や名声にとらわれる欲深い人物として登場する。『宗論』では宗派のちがう二人の僧が登場し、言い争いをはじめる。

いるんじゃ

狂言の世界を見てみよう

神

特徴 狂言に出てくるのは、福の神や、恵比寿、大黒などといった親しみやすい神である。神といっても、遠い存在なのではなく、七福神のように人々の願いをかなえ、福をさずける身近な存在。『夷大黒』には夷と大黒の二神が登場する。

山賊

特徴 山賊は、山道で通行人を襲って金品をうばう存在だが、狂言の中では、まぬけな性格で、なかなか成功しない。『文山立（文山賊）』では二人の山賊が登場。口論のすえ、はたしあいをはじめる。

大名

特徴 江戸幕府の大名ではなく、小さな領地の領主。自分のいたらなさで恥をかいたり、失敗をしたり。えらぶった性格だが、実は涙もろかったり、世間知らずだったりもする憎めない性格。『萩大名』では、地方の大名が清水寺近くの茶屋でとんちんかんなことを言って恥をかいてしまう。

41

狂言のストーリー

狂言の種類は、あつかうテーマや登場人物のちがいによって、いくつかの種類に分けられるぞ。

脇狂言

めでたい内容の狂言。『夷大黒』など神が登場して福をさずけるものや、『末広かり』『麻生』など最後に囃子が入ってめでたく終わるもの、『鍋八撥』など新しい市場をつくることから話がはじまるものなどがある。

大名狂言

大名が主役を演じる演目。大名と太郎冠者とのやりとりが楽しい。狂言で登場する大名は、無邪気でおおらかな性格から、太郎冠者に言いくるめられてしまったり、つい失敗してしまったり。『蚊相撲』『靭猿』『墨塗』『萩大名』などが主な作品。

小名狂言

庶民代表の太郎冠者が主役の演目。酒好き、なまけもの、きまじめ、ずるがしこい、気が弱い、かしこい、まぬけなど作品によって性格が異なるが、明るく無邪気な人物として描かれることが多い。『栗焼』『鐘の音』『素襖落』『寝音曲』『棒縛』『附子』などが主な作品。

狂言の世界を見てみよう

狂言には、いろいろなお話があるんだね。

聟女狂言（むこおんなきょうげん）

おむこさんや女性が重要な役割を演じる。世間知らずのおむこさんが妻の実家へあいさつに行って起こす失敗談や、男まさりの妻と頼りない夫とのけんか、夫婦のおもしろおかしいやりとりなど、夫婦間の人間模様を描いた作品が多い。『二人袴』『船渡聟』『釣針』『水掛聟』『右近左近（内沙汰）』『鎌腹』『伯母ヶ酒』『業平餅』などが主な作品。

鬼山伏狂言（おにやまぶしきょうげん）

鬼、えんま王、山伏が活躍する。弱い鬼や、失敗の多い山伏の姿が描かれる。見かけは強そうな鬼が実は弱かったり、山伏が修業で得た特別な力をうまく使えずに失敗ばかりしてしまったりなど、笑える作品が多い。『朝比奈』『節分』『神鳴（雷）』『蟹山伏』『柿山伏』『蝸牛』などが主な作品。

出家座頭狂言（しゅっけざとうきょうげん）

僧や目の不自由な座頭が主役の狂言。僧侶なのに、無知で欲深く、心の狭い人物として描かれることも。室町時代の僧を風刺した作品が多い。『宗論』『御茶の水（水汲）』『無布施経』『泣尼』『骨皮』『月見座頭』などが主な作品。

集狂言（あつめきょうげん）

間がぬけていて失敗ばかりの盗人や、詐欺師が登場するものなど。『瓜盗人』『盆山』『茶壺』『仁王』『膏薬煉』『文山立（文山賊）』『八句連歌』『横座』などが主な作品。

狂言の世界を見てみよう

附子 ▶46ページ

マンガで読む 附子

狂言の人気者！太郎冠者

主人の大切な砂糖を食べてしまった太郎冠者の言い訳とは……『附子』

ストーリー

急用で出かけることになった主人は、大切にしている砂糖を家来の太郎冠者、次郎冠者に食べられないかが気になります。そこで、太郎冠者たちを呼びつけ「このつぼには附子という恐ろしい毒が入っていて、近づくだけで死んでしまう」と伝えて留守番をさせることに。

主人が出かけたあと、どうしてもつぼの中身が気になる太郎冠者、次郎冠者は、恐る恐るつぼに近づき、そこに甘くておいしい砂糖が入っていることに気づきます。そしてついには砂糖をすべて食べてしまいました。このままでは帰ってきた主人に怒られてしまうと思った二人は、主人が大切にしている掛け軸と茶碗をこわします。帰ってきた主人に泣きながら、「留守の間、相撲をとっていて、大切なものをこわしてしまいました。おわびに死のうと、つぼの中の毒を食べましたが、まだ死ねません」と言い訳をするのでした。

見どころ

狂言といえば附子といわれるほど、有名で人気のある作品。太郎冠者と次郎冠者が、扇を使っておいしそうに附子を食べる姿や、掛け軸や茶碗を豪快にこわす様子、帰ってきた主人の前で大げさに泣く姿が楽しめる。

狂言の世界を見てみよう

特徴 おっちょこちょいで、いたずら好き

明るく、親しみやすいキャラクター。
大きな声と大げさな動きが特徴的。

衣装 格子模様の着物に、袖なしの上着・肩衣とくるぶし丈の半袴を着る。

キャラクター紹介 主人に仕える使用人である太郎冠者。ときには機転をきかせて主人を助けることも。さまざまな作品に登場する人物で、シテにも、アドにもなる。

言ってみよう！『附子』のセリフ

「あおげ、あおげ」「あおぐぞ、あおぐぞ」

場面 太郎冠者と次郎冠者が、附子のほうからふいてくる毒の風を扇であおぎ返しながら、附子に近づこうとする。

特徴 太郎冠者の相方役 次郎冠者

2番目の使用人、太郎冠者の相方として登場する。ときには太郎冠者と責任をなすりつけ合ったり、ときには協力して、主人を言いくるめたり。太郎冠者とのかけ合いが見どころ。

※アド…シテの相手役のこと。狂言ではアドと呼ばれる。

見た目は恐いけれど、実は臆病者の鬼

だまされてしまう鬼のこっけいな姿『節分』

ストーリー

節分の夜、蓬莱の島の鬼が日本にやってきます。ある家を訪れた鬼は、その家で留守番をしていた妻の美しさに魅かれ、女に言いよるために恋の小歌をたくさんうたいます。しかし女に冷たくされてしまい、ついに鬼は泣き出してしまいます。そこで女は、鬼のことを好きになったふりをして鬼をだまし、鬼に宝物を出すようにお願いして、隠れ蓑、隠れ笠、打ち出の小槌といった鬼の持ち物をうばいます。鬼がすっかり気を許し、女の家で休んでいると、「鬼は外！」と女は鬼に向かって豆を投げつけ、鬼を追い出してしまいました。

見どころ

節分の行事にちなんだ狂言の演目。鬼のうたう小歌の数々も聞きどころ。狂言ならではのメロディーとリズムが楽しい。狂言には、室町時代から江戸時代の初めの流行歌がとり入れられていることも。

うたって泣いて、まるで人間

恐いだけではなく、どこかおかしくて愛きょうもある。高くジャンプをしたり、ドシドシと足ぶみをしたり。大きく大げさに動く。

面：武悪

鬼の役のときには武悪という面をつける。上の歯を一文字に見せ、大きな目をたらし、強いけれども、どこかこっけいな表情。

衣装

鬼の役などで頭につける赤毛のかつらと鬼頭巾をかぶる。袖口の小さい厚い生地の着物・厚板の襟元を開き、腰に生地を折りこみ、丈を短くして着る。また、動きやすいように裾をとめて短くした括袴をはく。

キャラクター紹介

狂言に登場する鬼は、根っからの悪者は少なく、人間的な性格であることが多い。見た目は恐いけれど、実は臆病者で、やっつけられてしまう。えんま王が亡者にやりこめられる作品もある。

言ってみよう！『節分』のセリフ

これは蓬莱ヶ島の鬼というて、さのみ恐いものでも恐ろしいものでもないわ

場面　女は鬼を見て、恐がって逃げ出すが、鬼はなぜ女が恐ろしがっているのかわからず、女にたずねる。「鬼が恐い」と答える女に、「鬼はそんなに恐ろしいものではないですよ」と声をかける。

気が強く、かわしい（口うるさい）女

夫婦げんかの末、夫が迎えた結末は…『髭櫓』

ストーリー

大きな髭をたくわえた男が、その髭をみこまれて五穀豊穣の儀式・大嘗会の犀の鉾という役をまかされます。大役を仰せつかった男は、家庭の事情など考えずに浮かれ、妻に、その衣装を用意してくれるようにたのみます。しかし、妻はお金がないので衣装はつくれないと言い、役を断るように男にたのみます。ついには口論になり、妻はその髭があるからいけないのだと、夫の自慢の大髭をそってしまえと言い出します。怒った夫と妻で大げんか！！

追い出された妻は、近所の女房たちを集め、武器を手に持ち、夫を攻めよります。夫は、髭に櫓をつけて、旗を立てて応戦するさわぎに。妻たちはみんなで夫を攻め、巨大な毛抜きで大髭を抜いてしまいました。

見どころ

大きなはずの櫓がミニチュアサイズに、小さいはずの毛抜きが巨大サイズになっていて、その対比がおもしろい。たかだか髭のことで、大がかりな合戦のようになるところに、笑いがおこる。

近所の友だちを集めて夫をこらしめる

生活力が旺盛で気が強い妻。巨大な毛抜きを持ち、長刀や槍、熊手を持った近所の女房たちと夫につめよる。

 小道具 **美男鬘** 5メートルほどある白い布を頭につける。

 衣装 刺繍や金箔などをあしらった袖口の小さな着物を着て、女帯という幅の狭い帯を結ぶ。

キャラクター紹介 男性役に比べ、歩幅は小さく。あごを引いてつま先はそろえ、手は美男鬘をにぎる。気が強い妻と気弱な夫というのが、狂言に登場する夫婦の代表的な形。情けない夫を怒鳴りつけ、けんかをしては言い負かしてしまう。一方で夫婦の絆を描いた作品もある。

言ってみよう! 『髭櫓』のセリフ

いかに天下の髭じゃというて、そのようなことをおっしゃる、わらわが引きむしってのきょう。

場面 妻が怒って夫に言い返す場面。妻が夫の髭を引きむしってやるとすごむ。

狂言の世界を見てみよう

念力も使えず、ちょっと情けない山伏

いろいろな動物のものまねが楽しい『柿山伏』

ストーリー

遠い国で修行を終えた山伏が、帰る途中にのどがかわき、おいしそうな実がたくさんなっている柿の木を見つけます。山伏は、柿を取ろうと手をのばしますがとどかず、石を投げてもあたらず、ついには柿の木に登って柿を盗み食いしてしまいます。やがて柿の木の持ち主である百姓が見回りにあらわれ、木に隠れた山伏を見つけ、からかってやろうと考えます。百姓が「そこにいるのはカラスだな」と言うと、山伏はカラスの鳴きまねをします。「サルだな」「あれはトンビだ」など、いろいろな鳴きまねをさせて山伏をからかい、「トンビならば空を飛ぶだろう」と言って、山伏を困らせます。山伏も、がんばって空を飛ぼうとし、ついには木から落ちてしまいます。歩けなくなった山伏は、百姓に背負ってもらい退場しますが、結局最後は、ふり落とされてしまいました。

見どころ

葛桶の上に立つことで柿の木に登ったことになったり、扇で顔を隠して、隠れていることになったり、小道具の使い方がおもしろい。山伏がまねをする動物の鳴き声は、現代のあらわし方とは異なっている。

カラスやサル、トンビのものまねをする山伏

「ボロンボロン」と怪しげな呪文を唱えて数珠をもむ動きをする。
すり足ではなく、一歩ずつ足をあげて歩くこともある。

小道具　兜巾
布製の小さな頭巾をかぶる

言ってみよう！『柿山伏』のセリフ

ヒイヨロヨロ

場面　柿主に「飛ぶぞ飛ぶぞ」とはやしたてられ、本当に飛んでしまう場面で、トンビの鳴き声をまねして言う。

衣装　ボンボン状の糸玉が特徴の鈴懸をかける。袖の広い上着・水衣、厚い生地の小袖・厚板を着る。袴は、動きやすいように裾をとめて短くした括袴。

小道具　葛桶　『柿山伏』では木として使用される。もともとは道具入れだった、漆塗りの蓋付きの容器。主に腰をかける道具として用いる。蓋を盃として使うことも多い。

キャラクター紹介　狂言に出てくる山伏は、厳しい修行によって神通力を身につけているのに、実際には調伏がうまくいかないことも多い。初めはいばった態度をしているが、最後にはあわてふためく姿で描かれる。太郎冠者をからかうようないたずら心のある山伏も登場する。

着ぐるみ姿のかわいいサル

小猿の愛くるしさが大名の心を動かす『靭猿』

ストーリー

大名が、太郎冠者と一緒に狩りに出かけ、小猿をつれた猿まわしに会います。どうしてもサルの毛皮を靭（矢を入れて、背負う道具）にはりつけたいと思った大名は、猿まわしに「小猿の皮をくれ」と頼みます。猿まわしは、一度は冗談だと思い、断りますが、大名は聞かず、自ら小猿を弓で射ようとします。慌てた猿まわしは、自分が手にかけようと杖を振り上げ小猿を打とうとしますが、できずに泣き出します。小猿は、猿まわしが振り上げた杖をいつものけいこだと思い、必死に芸を続けます。その姿に心を打たれた大名は、もらい泣きしてしまい、皮をあきらめます。よろこんだ猿まわしは、お礼に歌をうたい、小猿に舞を舞わせると、大名も気分がよくなり、小猿と一緒に舞いはじめます。そしてとうとう、自分の着物や持ち物まで、猿まわしに与えました。

見どころ

横柄な性格だった大名が、猿まわしの小猿に対する愛情と、小猿のかわいらしさに心を動かされていく。大名が小猿の舞の動きをまねる様子が楽しい。

狂言の世界を見てみよう

小さな体をいっぱいに使って
愛らしい小猿

かわいらしい小猿の演技。人間のような動きで芸をするだけでなく、四つんばいで歩いたり、体をかいたり、サルらしい動きもする。

面：小猿面
サルの顔の面をつける。

衣装
全身を覆うサルの衣装・モンパ。
指先から足先まで、体全体が茶色でおおわれている。

キャラクター紹介
小猿の役は、子方という4歳くらいから小学生くらいまでの子どもがつとめる。狂言役者の初舞台となることもある。

言ってみよう！ 『靭猿』のセリフ

キャアキャアキャア

場面 話し言葉のセリフはなく、サルの鳴き声を出し、愛らしく演じる。

人に化けるキツネ

キツネになりきった迫力の演技が見もの『釣狐』

ストーリー

猟師に一族を殺されてしまった年寄りのキツネが、猟師の伯父の僧に化けて登場します。キツネを殺すのをやめさせるため、猟師を説得。猟師は、説得を聞き入れ、狐釣りをやめることを約束し、ワナをすべて捨て去りました。よろこんで帰ろうとしたキツネですが、途中でまだエサのついていたワナを見つけ、つい引き寄せられてしまいます。ワナにかかりそうになりますが、化けた姿をといて、身軽になってからエサを食べに来ようと思い立ち、その場を去ります。

一方、伯父の突然の訪問を不審に思った猟師は、ワナの様子を見に出かけます。エサが荒らされているのを見つけ、伯父の正体がキツネだったことに気づきます。そこで、本格的に新しいワナをしかけ、藪に隠れてキツネが来るのを待ちます。もとの姿にもどったキツネは、そのワナにかかり、つかまりそうになりますが、必死に抵抗し、逃げていきました。

見どころ

釣狐のキツネ役は、技術的にも精神的にも高度な力が要求され、この役を演じたら一人前といわれている。エサを食べたいという欲と、ワナにかかる恐れの間でゆれるキツネの心情が描かれる。

狂言の世界を見てみよう

危険と知りながら、ワナのエサにつられてしまう

いかにもキツネらしく、エサに近づいたり、においをかいだりする動きが見どころ。鳴き声にも注目。

面　狐
恐ろしいキツネの面。目はつり上り、歯を見せている。僧に化けるときにつける面は、人間とキツネの顔が混ざり、どことなく不気味。

衣装
キツネを表現する着ぐるみ。僧に化けているときには、僧の衣装の下にキツネの着ぐるみを着こむので、動くのがとても大変。

キャラクター紹介
爪先や踵を浮かさずに歩く獣足や、両膝をつけて腰をおとし、ひじを体の脇につけた体勢で、人間に化けたキツネをあらわす。キツネそのものの演技も難しいが、キツネが僧に化けた前半の役も体力と演技力が必要とされる。

言ってみよう！　『釣狐』のセリフ

やい、おのれ、今この重い物を脱いできて、たった一口にするほどに、そこを一寸でも動いたならば、卑怯者であらうぞ、えいえいえいえい、クワイ

場面
人間に変身していたキツネがもとの姿にもどり、ワナのエサを食べることに決めた場面。「おい！　本当の姿にもどって、そのエサを食べてやるぞ。ちょっとでも動いたら卑怯だぞ」というような意味。

狂言をいろどる道具

シンプルな能舞台では、小道具や衣装が重要な役割をもちます。小道具を上手に使うことで、観客の想像力がふくらみます。面はおよそ20種類くらいあります。

肩衣

肩衣は、太郎冠者の特徴のひとつ。ジャケットのように衣の上から羽織る。背中には、動物・昆虫・植物など、いろいろなデザインが描かれる。

『附子』に出てくる太郎冠者。庶民の代表的な服装で、狂言袴を着て、上着には肩衣を着る。

浅葱地月不如帰模様肩衣

秋の風物詩「月に雁」を「月に不如帰」としてしゃれっ気を出している。

狂言の世界を見てみよう

賢徳（けんとく）
馬や牛などの動物、カニの精、キノコや果物の精などいろいろな役に使われる。大きな目は、右と左で向いている方向が微妙にちがうのが特徴。

聟猿（むこざる）
『猿聟』で、舅猿のもとに聟入りする聟猿の役で使われる。力強く見開かれた目、まっすぐ通った鼻筋など美男の猿をあらわしている。

ふくれ
愛きょうたっぷりの女性の役で使われる「乙」という面の仲間で、「乙」よりも年上の女性を表現している。

相手を驚かすための小道具として使われることもあるんだ。「武悪」の面には小豆色・白・青などいろいろな色の面があるんだけど、この面のように黒は珍しいんだよ。

武悪（ぶあく）
鬼やえんま王の役のときにつける面。大きな鼻、くぼんだ目、大きな歯がならぶ横一文字に開いた口が特徴。恐いようで、どこかかわいらしい表情をしている。

「うそふき」というのは口笛をふく、という意味だよ。「ひょっとこ」のもとになった、といわれているんだよ。

うそふき
蚊の精やタコの幽霊、人間の幽霊、キノコやかかしの顔など、幅広い役に使われる。すぼませた唇が特徴。耳があるものとないものがある。

能の基本的な動き1

能役者って、独特の動き方をするよね。
役柄によって、カマエをかえているんだよ。

基本姿勢「カマエ」

女性の役の場合
両腕を軽く開き、両足はそろえる。背筋をのばし、おへその下に力を入れる。

男性の役の場合
女性の役よりも両腕を張り、足は開く。全身に力をこめる。

鬼の役の場合
男性の役よりもさらに両腕を張り、足を開く。重心を低くして、強さをあらわす。

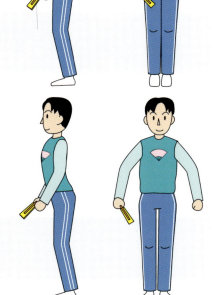
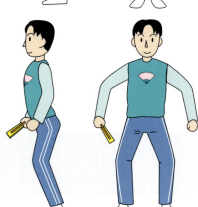

すり足で歩く「ハコビ」

歩くときは、基本姿勢の「カマエ」をくずさずに、足の裏をするようにして歩く。
重心が上下左右にゆれないように、スーッとまっすぐ移動する。
すり足で歩くことを「ハコビ」という。

スーッ

能・狂言を楽しもう

能には決まった型があり、感情をあらわすときも型で表現するんじゃ。

「シオリ」

泣いていることを表現している

指をそろえた手を、顔の前にもっていって、目を隠すようにする「シオリ」という型。

「モロジオリ」

激しい悲しみを表現している

両手で目を隠すようにする「モロジオリ」という型。

怒りの表現

怒っていることを表現する動き

あぐらをかき、扇を持った右手を上げる。

バッ

下へ勢いよくバッと打ちつける。

能の基本的な動き2

ほかにもいろいろな気持ちや動作を表現する型があるのね。

「ユウケン」

晴れ晴れとしたよろこびを表現する動き

扇を前に出し、体に引きよせる。　右手を大きく上に広げる。

「抱イ込ミ扇」

恥ずかしさを表現している

視線を落として、左肩に扇をあてる。視線を上げ、扇と顔との距離をはなすと月を見る「月ノ扇」という型になる。

「枕ノ扇」

眠っていることを表現している

かがみこみ、扇で顔全体をおおい隠す。隠れることを表現する場合にもこの型を使う。

能・狂言を楽しもう

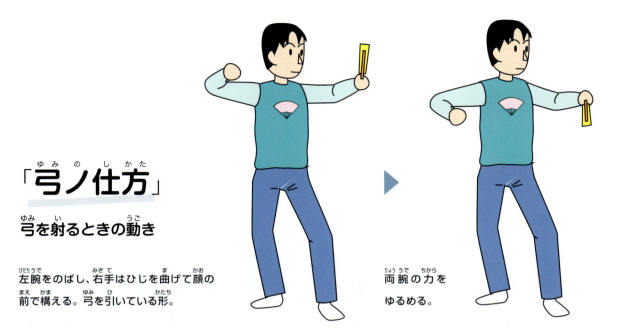

「弓ノ仕方」

弓を射るときの動き

左腕をのばし、右手はひじを曲げて顔の前で構える。弓を引いている形。

両腕の力をゆるめる。

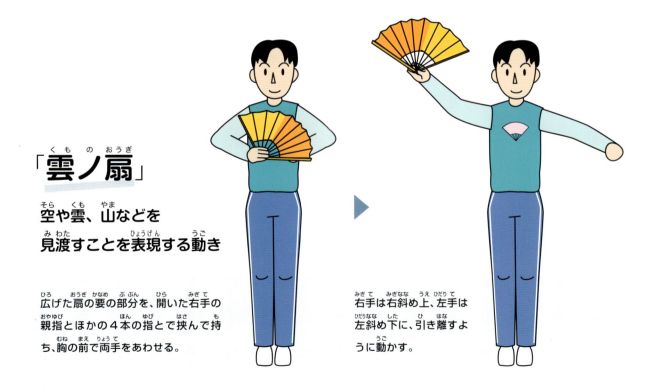

「雲ノ扇」

空や雲、山などを
見渡すことを表現する動き

広げた扇の要の部分を、開いた右手の親指とほかの4本の指とで挟んで持ち、胸の前で両手をあわせる。

右手は右斜め上、左手は左斜め下に、引き離すように動かす。

狂言の基本的な動き

狂言も、基本の姿勢や歩き方があるんじゃよ。

基本姿勢「カマエ」

女性の役の場合

頭に巻いた美男鬘を腰の位置で左右それぞれにぎる。足はしっかりと閉じる。

男性の役の場合

両腕を少し張る。重心をやや低くし、指先はしっかりとのばす。

鬼の役の場合

両手両足を大きく広げる。半身(真正面を向くのではなく、片方の足を引いて、やや斜めに立つ)に構えて強さを表現する。

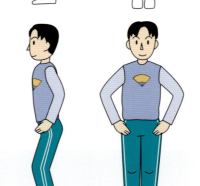

鬼の役の「ハコビ」

両足をドドドと踏み鳴らして前進する。そして、両腕を勢いよくバッと広げて、ジャンプする。女性、男性の役では、能と同じようにすり足の「ハコビ」で歩く。

能・狂言を楽しもう

狂言の型は、おおげさでわかりやすいね。

笑う

重心を下げ、やや前かがみになった状態から、「はーっ、はっ、はっ、はっ」と大きな声を出しながら、上体を起こす。

泣く

「エヘ、エヘエヘエヘ」と声をあげながら、指をそろえた手を目の前にもってきて、腰をおり、前かがみになって泣く。

眠る

閉じた扇を顔に近づけ、顔をかたむけて、うたた寝をあらわす。ぐっすり眠るときは、寝転がって腕を枕にする。

隠れる

扇を右手に持ち、顔全体をおおう。

木に登る

葛桶の上に立ち、両手を大きく広げる。

65

狂言のおもしろい言葉

でんでんむしむし でんでんむしむし

『蝸牛』に出てくるセリフ。長生きの薬となる蝸牛をとってくるように命じられた太郎冠者。しかし太郎冠者は蝸牛がどんなものか知らず、主人に教えられた4つの特徴を頼りに探す中で、山伏を蝸牛だと思いこんでしまう。山伏はおもしろがり、太郎冠者をからかって蝸牛のふりをし、太郎冠者に「雨も風もふかぬに……」とうたわせ、自分は「でんでんむしむし」と舞いうかれる。

ややこしや、ややこしや

『まちがいの狂言』に出てくるセリフ。生き別れになった2組の双子をめぐる話。イギリスの劇作家シェイクスピアの『間違いの喜劇』をもとにしてつくられた、高橋康也作の新作狂言。

合点か合点じゃ 合点合点合点じゃ

『二人大名』に出てくるセリフ。都に遊びに行くことになった二人の大名。使用人をつれてこなかったため、通行人に無理やり太刀を持たせ、同行させる。ひどいあつかいに怒った通行人は、太刀で大名たちを脅し、起き上がり小法師のまねをさせる。そのとき、大名がうたわされた流行歌の一部。

なみなみとござる

『福の神』に出てくるセリフ。大みそか、参拝に行った二人の男の前に、福の神があらわれる。福の神は酒が飲みたいと言い、男がお神酒をささげる。ご機嫌になった福の神は、男たちに裕福になれる秘訣を教えて帰っていく。お神酒をたっぷりとそそいだ男たちが福の神に言ったセリフ。

能・狂言を楽しもう

狂言では音響効果を使わないので、鳴き声や物音も演者が口に出して表現するのね。

ドブドブドブ
お酒をそそぐ音。扇で酒をそそぐしぐさをする。

グワラグワラグワラ
重い戸を開ける音。「グワラグワラグワラ」と言いながら戸を開けるしぐさをする。

ムリムリムリ
紙をはがす音。

ビョウビョウ
『柿山伏』に出てくる犬の鳴き声。

プー
蚊の鳴き声。『蚊相撲』で、大名と相撲をとることになった蚊の精が、相撲がはじまると大名を「プー」と鳴いてさしてしまう。

トッテンコー
ニワトリの鳴き声。『佐渡狐』では、キツネの鳴き声を知らない佐渡の百姓が苦しまぎれにニワトリの鳴き声をする。

ピカーリ　グワラグワラ
雷の音。『神鳴（雷）』では、ヤブ医者の前に神鳴が突然、落ちてくる。そのヤブ医者に針治療をしてもらい、また雷鳴を響かせながら天へ帰っていく。

能楽師になるには

能楽師になりたい人は、何歳くらいから、どのような練習をして、舞台に立つようになるのでしょうか？

子方のけいこ
能楽では、子役とはいわずに子方という。

◆ 謡のけいこ
師匠と舞台に向かいあって座り、師匠のあとに続いてセリフをまねする。節やリズムに気をつける。台本を見ずに口伝えでけいこをする。

◆ 動きのけいこ
師匠が動くのを見て、同じように動き、型や舞をおぼえる。注意されたことは、その場でしっかり直す。

◆ 囃子のけいこ
小学校中学年くらいになると、囃子方の楽器をひととおり演奏できるように練習する。

初舞台と披キ

初めての舞台に立つことを「初舞台」といいます。2、3歳で初舞台を踏む子もいます。能では、『鞍馬天狗』の「花見」が一般的といわれています。大勢の小さな子どもたちがゾロゾロと舞台を歩きます。狂言では、『靭猿』のサルや『以呂波（伊呂波）』の子ども役などで初舞台を踏みます。

そして、難しい作品を初めて演じることを「披キ」といいます。披キは修業の節目のようなもので、ひとつの披キをすませると、次の披キの段階へ進みます。

能楽師の家に生まれなくても、能楽師を目指すことができるよ。習いごととして楽しむこともできるんだ。

◆ 国立能楽堂で修行

中学卒業以上、23歳未満の人であれば、だれでも国立能楽堂で研修を受け、能楽師を目指すことができます。6年かけて能楽師としての基礎を学びます。

◆ 外部からの弟子入り

大人になってから能楽師を目指し、プロになる人もいます。師匠のもとへ入門し、一定の期間修業します。

◆ 習いごととしての能楽

テレビで能楽の内容が使われたり、能楽師が活躍したりと人気が高まっている能楽。謡や舞、囃子方の楽器まで、各地にある教室で能楽を習いごととして楽しむことができます。

能と狂言の歴史

能と狂言のもとになったのは、奈良時代に中国から伝わった「散楽」です。散楽とは、曲芸や手品、ものまねなど、いろいろな芸が混ざったもので、これに日本独自の芸能が加わって、「猿楽」として広まっていきました。そして、猿楽から謡と舞を中心とする「能」と、ユーモラスで楽しい劇の「狂言」に分かれていきました。

能をつくりあげた世阿弥

室町時代に活躍した観阿弥と世阿弥の親子が謡と舞を中心とする能をつくりあげていきます。新しい作品を次々とつくり、その芸術性の高さは、多くの将軍や大名に支持されて、能と狂言の繁栄をもたらすことになりました。

世阿弥が流された新潟県の佐渡にある世阿弥の木像。

世阿弥が理想とする能の舞の様子を描いたもの。世阿弥のライバル、犬王が得意とした天女舞に影響されたといわれている。
二曲三体人形図【天女舞図】(法政大学能楽研究所蔵)

武士と能

豊臣秀吉も能の世界に心を奪われます。能のけいこにはげみ、自ら舞台で演じたり、自身の半生を題材とした新作の能をつくったりしました。江戸幕府を開いた徳川家康も幼少のころから能のけいこをしていました。江戸時代には、能を演じることが武士の大きな娯楽であり、重要な教養でもあったのです。多くの能楽師が江戸幕府や大名から給与を与えられ、能と狂言があつく保護されていました。

錦絵「町入能図」(法政大学能楽研究所蔵)
お祝いの催しでは、江戸中から選ばれた町人が、江戸城に招待されて能を見ていた。

変化する能の世界

　江戸時代、幕府に保護されてきた能は、幕府がほろびるとだんだんと衰えていきます。しかし、1876（明治9）年、岩倉具視によって行われた天覧能で再び脚光をあびます。天覧能は、英照皇太后、明治天皇、皇后を招いた宴で、岩倉具視邸の大庭園で行われ、大成功に終わります。それ以降、天皇が招かれる宴には能が演じられるようになりました。こうして能は、日本独特の芸術として復活したのです。

　今では、能や狂言の海外公演が行われるようになり、その独特の表現に注目が集まって、海外でも人気が高まっています。また、能楽の世界は男性が中心で、女性が舞台に立つことはあまりありませんでしたが、戦後は女性の能楽師も数多く活躍しています。

英照皇太后の青山御所につくられた能舞台で演じられた能を描いたもの。

青山御所能舞台演能図（法政大学能楽研究所蔵）

寺子屋で学ばれた謡

江戸時代、子どもたちが通い勉強した寺子屋。「読み、書き、そろばん」に加えて、能の謡の稽古がされていました。

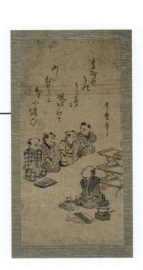

寺子屋小謡図版画（法政大学鴻山文庫蔵）

全国の主要能楽堂

もともと野外で行われていた能楽。寺社を中心に、全国各地に能舞台があります。近くの能舞台を探して、見に行ってみましょう。

北海道・東北

都道府県	所在地	能楽堂名
北海道	小樽市花園	小樽市能楽堂
岩手県	西磐井郡平泉町	中尊寺白山神社能楽殿
宮城県	白石市南町	白石市古典芸能伝承の館（碧水園）
秋田県	大仙市協和境	まほろば唐松中世の館 「唐松城」能楽殿
山形県	酒田市浜松町	庄内能楽館

関東

都道府県	所在地	能楽堂名
埼玉県	越谷市花田	越谷市日本文化伝承の館 こしがや能楽堂
千葉県	千葉市中央区青葉町	青葉の森公園芸術文化ホール
東京都	品川区上大崎	十四世喜多六平太記念能楽堂
東京都	新宿区矢来町	矢来能楽堂
東京都	千代田区九段北	靖国神社能楽堂
東京都	渋谷区千駄ヶ谷	国立能楽堂
東京都	杉並区和田	杉並能楽堂
東京都	渋谷区代々木	代々木能舞台
神奈川県	鎌倉市長谷	鎌倉能舞台
神奈川県	横浜市西区紅葉ヶ丘	横浜能楽堂
神奈川県	川崎市川崎区日進町	川崎能楽堂
神奈川県	横浜市磯子区岡村	宮越記念 久良岐能舞台

横浜能楽堂外観

中部

都道府県	所在地	能楽堂名
新潟県	佐渡市竹田	大膳神社能舞台
新潟県	新潟市中央区一番堀通町	新潟市民芸術文化会館能楽堂
富山県	富山市友杉	富山能楽堂
石川県	金沢市石引	石川県立能楽堂
福井県	福井市春山	福井能楽堂
山梨県	北杜市小淵沢町高天原	身曾岐神社能楽殿
静岡県	熱海市桃山町	MOA美術館能楽堂
愛知県	豊田市西町	豊田市コンサートホール・能楽堂
愛知県	名古屋市中区三の丸	名古屋能楽堂
愛知県	岡崎市康生町	岡崎城二の丸能楽堂

新潟県大膳神社 薪能

能・狂言を楽しもう

地域	都道府県	所在地	施設名
関西	滋賀県	彦根市金亀町	彦根城博物館能舞台
	京都府	京都市上京区烏丸通中立売上ル	金剛能楽堂
	京都府	京都市中京区押小路柳馬場東入ル	大江能楽堂
	京都府	京都市上京区烏丸通上立売上ル柳図子町	河村能舞台
	京都府	京都市中京区両替町通竹屋町上ル	能楽堂嘉祥閣
	京都府	京都市中京区新町通錦小路上ル	くろちく百千足館
	大阪府	大阪市北区中崎西	大阪能楽会館
	大阪府	大阪市中央区上町	大槻能楽堂
	大阪府	大阪市中央区徳井町	山本能楽堂
	兵庫県	神戸市長田区大塚町	上田能楽堂
	兵庫県	篠山市黒岡	篠山春日神社能舞台
	兵庫県	神戸市中央区多聞通	湊川神社神能殿
	奈良県	奈良市春日野町	奈良春日野国際フォーラム 甍〜I・RA・KA〜能楽ホール
中国・四国	岡山県	岡山市北区後楽園	岡山後楽園能舞台
	広島県	広島市中区加古町	JMSアステールプラザ中ホール能舞台
	広島県	福山市光南町	喜多流大島能楽堂
	広島県	廿日市市宮島町	厳島神社能舞台
	山口県	山口市天花	野田神社能楽堂
	香川県	観音寺市八幡町	雅之郷 能楽堂
	愛媛県	松山市堀之内	松山市民会館小ホール能楽堂
	高知県	高知市高須	高知県立美術館ホール・能楽堂
九州	福岡県	福岡市中央区大濠公園	大濠公園能楽堂
	福岡県	福岡市博多区住吉	住吉神社能楽殿
	佐賀県	佐賀市松原	井内能舞台
	大分県	大分市牧緑町	平和市民公園能楽堂
	宮崎県	宮崎市青島	青島神社能楽殿
	鹿児島県	鹿児島市山下町	かごしま県民交流センター県民ホール能舞台

能楽堂ってたくさんあるのね。
全国各地で能楽が見られるんだね。

能楽を見に行こう！

能楽堂や寺社の境内などで公演される能楽。見に行くには、どんなことに気をつければいいのでしょうか。

 どんな服を着て見に行ったらいいの？

A1
いつも着ているような、好きな洋服でいいんじゃよ。
せっかく舞台を見に行くのだから、
ちょっとおしゃれしていくといいかもしれんの。

 静かにしていないとだめだよね。
拍手はいつするの？

 A2
見ていておもしろいと思ったら、笑ってもいいぞ。
演者の人もうれしいはず。演者が登場するときは、拍手
をせずに、退場するときに拍手をしよう。

 バレエの発表会みたいなプログラムがあるの？

 **A3**
公演の作品名や出演者が書いてあるプログラムのことを、能楽の世界では
「番組」というんじゃ。演じられる順番は、能・狂言・能と演じるか、
能と狂言を1作品ずつ演じるのが一般的じゃよ。
番組には、作品名や、演者の名前のほか、あらすじや解説が
書かれているものもあるので、事前にチェックしておくといいぞ。

能楽の流派

　能楽の流派は、主役を演じるシテ方の5流派に加えて、三役と呼ばれる、ワキ方、狂言方、囃子方の19流派に分かれています。それぞれのグループで役割が決まっています。また、流派によって、能の演目、謡の言葉、謡の節、所作、演出、衣装などにちがいがあります。

シテ方は、主役のシテを演じるほかにも、地謡や後見も担当する。また、作品によって、必要な小道具をつくるのもシテ方の役目。

ワキ方は、シテとやりとりをし、シテの話を引き出す人たち。作品によっては、シテと対立する役を演じることもある。

狂言方とは、狂言を演じる人たちのこと。独立した狂言を演じるほか、能の中にも登場する。

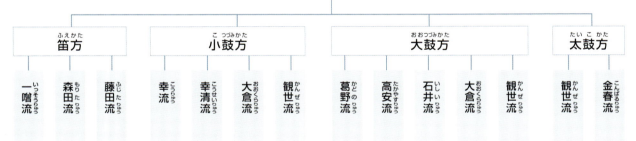

楽器によって、笛方、小鼓方、大鼓方、太鼓方に分かれる。舞台で、後座にならぶ囃子方。打楽器の3人は、かけ声をかけることでタイミングをあわせている。

能では、それぞれの役割が、きっちり決まっとるんじゃ。ワキ方がシテ方の役を演じることはないんじゃよ。

コラム3 世界無形

能・狂言を楽しもう

文化遺産になった能楽

　物語の楽しさはもちろん、その舞台や衣装など、独特の芸術性をもつ能楽。世界にも認められ、海外公演もされています。

　ユネスコは2001年に初めて、人間によって伝承されるべき芸能を、世界中から19種類選定しました。その中で、日本の芸能として最初に無形文化遺産に選ばれたのが「能楽」です。

　明治時代以降、海外にも広く紹介されてきた能楽は、各国の知識人や演劇人からも称賛され、認められてきました。謡や舞、美しい面や衣装など、芸術性の高さが評価され、世界無形文化遺産に登録されました。

　昔から演じられてきた作品だけでなく、今も新たな作品がつくられています。明治時代以降につくられた曲目は新作能・新作狂言といいます。シェイクスピアの戯曲やモーツァルトのオペラ、世界の文学作品を能楽の形式で演じたり、ピアノやバレエとコラボレーションしたり、今もなお、新たな試みが行われています。

さくいん

あ
- 『葵上』……10, 15, 20, 21
- 揚幕……4, 9
- 『朝比奈』……43
- 『麻生』……42
- 『安宅』……13, 14, 27
- 厚板……49
- 集狂言……43
- アド……47
- 後座……5
- 袷狩衣……25, 35
- 石井流……75
- 和泉流……75
- 『伊勢物語』……37
- 一ノ松、二ノ松、三ノ松……4
- 一噌流……75
- 『井筒』……37
- 井戸……37
- 犬王……70
- 紅入鬘扇……35
- 『以呂波(伊呂波)』……69
- 岩倉具視……71
- 牛若丸……11, 24, 26, 27
- うそふき……59
- 謡／謡手……8, 11, 68, 69, 71, 75, 77
- 打ち杖……21, 29
- 『靭猿』……39, 42, 54, 69
- 『瓜盗人』……43
- 鱗箔……21
- 江戸時代／江戸幕府……70, 71
- 『夷大黒』……41, 42
- 演目……75
- 老松……5
- 扇……8, 34, 35, 46, 61, 62, 63, 65
- 大蔵流……75
- 大倉流……75
- 大鼓(方)……8, 75
- 大癋見……25

か
- 『右近左近(内沙汰)』……43
- 『御茶の水(水汲)』……43
- 鬼……14, 15, 21, 38, 39, 48, 49, 60, 64
- 鬼扇……21, 35
- 鬼頭巾……49
- 鬼山伏狂言……43
- 『伯母ヶ酒』……43
- 女……10, 38, 50
- 女面……32
- 海外公演……71, 77
- 鏡板……5
- 鏡の間……4, 9
- 『柿山伏』……39, 43, 52, 53, 67
- 『蝸牛』……43, 66
- 楽屋……4, 9
- 抱イ込ミ扇……62
- 『蚊相撲』……42, 67
- 鬘扇……19
- 葛桶……52, 53, 65
- 肩衣……58
- 勝ち修羅扇……35
- 葛野流……75
- 『蟹山伏』……43
- 鐘……36
- 『鐘の音』……42
- カマエ……60, 64
- 『鎌腹』……43
- 神……11, 12, 14, 15, 41, 42
- 『神鳴(雷)』……43, 67
- 唐織……21, 35
- 狩衣……12, 35
- 蛙……23, 33
- 観世流……75
- 階……5
- 鬼女……10, 21
- 喜多流……75
- キツネ／狐……39, 56, 57
- 狂言……6, 38, 39, 40, 41, 42, 43, 45, 46, 47, 49, 51, 53, 55, 57, 58, 59, 61, 63, 64, 65, 66, 67, 69, 70, 71, 73, 74, 75
- 狂言方……7, 75
- 狂言袴……58
- 狂女……13
- 『清経』……13, 14, 15
- 切戸口……4
- 切能物……15
- 括袴……53
- 草花の精……12, 35
- 蜘蛛の糸……11, 30, 31
- 雲ノ扇……63
- 『鞍馬天狗』……11, 15, 24, 25, 27, 69
- 『栗焼』……42
- 車……37
- 獣足……39, 57
- 現在能……14
- 源氏……27
- 賢徳……59
- 後見……4, 5
- 幸清流……75
- 『膏薬煉』……43
- 幸流……75
- 小面……32
- 『小鍛冶』……34
- 国立能楽堂……69
- 小猿面……55
- 小鼓(方)……8, 75
- 小道具……19, 21, 23, 25, 26, 29, 31, 51, 53, 58
- 五番目物……15
- 金剛流……75
- 金春流……75

さ
- 『西行桜』……12, 14, 15
- 西行法師……12
- 佐々木盛綱……22
- 雑物……15
- 『佐渡狐』……67
- サル……39, 54
- 猿楽……70
- 猿飛出……29
- 『猿聟』……59
- 散楽……70
- 山賊……41
- 三番目物……15, 19
- 三役……75
- 地謡(座)……5, 6, 8
- シェイクスピア……66, 77
- シオリ……61
- しかみ……31
- シテ(方／柱)……4, 6, 7, 9, 11, 15, 19, 22, 47, 75
- 『宗論』……40, 43
- 出家座頭狂言……43
- 修羅物……15
- 猩々……33
- 小名狂言……42
- 初番目物……15, 19
- 白州……5
- 次郎冠者……38, 46, 47
- 新作能／新作狂言……66, 77
- 『末広かり』……42
- 『素襖落』……42
- 鈴懸……53
- すっぱ……40
- 『隅田川』……13, 15
- 『墨塗』……42
- 世阿弥……70
- 世界(無形)文化遺産……18, 76, 77
- 『節分』……38, 43, 48

……24,40,43	『仁王』……43	福王流……75	三保の松原……18
……19	二番目物……15	『福の神』／福の神……41,66	武蔵坊弁慶……13
	『鵺』／鵺……11,15,28,29	ふくれ……59	夢幻能……14
	盗人……43	武士……27	聟女狂言……43
（方）……8,75	布頭巾……11	藤田流……75	聟猿……59
……41,42,54,66,67,70	『寝音曲』……42	『藤戸』……10,22,23	室町時代……6,70
狂言……42	能……6,10,11,13,14,15,17,	武将……13,15,31,35	明治時代……77
清盛……27	19,21,23,25,27,29,31,33,	『附子』……38,42,45,47,58	目付柱……4
清経……13	34,35,36,37,60,61,62,63,	『無施無経』……43	モーツァルト……77
砂……12,15	65,67,69,70,71,73,74,75	舞台……4,5,6,9,77	モロジオリ……61
流……75	能楽……3,5,	『二人大名』……66	森田流……75
冠者	7,9,69,71,73,74,75,77	『二人袴』……43	モンパ……39,55
……38,42,46,47,58,66	能楽師……68,69,71	『仏師』……40	
壺……43	能楽堂……3,4,72,73,74	『船弁慶』……27	**や**
……19	能舞台……5,9,22,72	『船渡賀』……43	屋形船……37
……23	能面／面……6,9,	『文山立（文山賊）』……41,43	役者……4
……37	11,12,19,21,23,25,29,31,	平安時代……28	『屋島』……15,27
座頭……43	32,33,49,55,57,58,59,77	平家／平氏……24,27	山伏……24,25,39,43,52,53
物……36	熨斗目……23	『平家物語』……22	ユウケン……62
蜘蛛』／土蜘蛛……11,30,31		『棒縛』……42	幽霊……10,11,14,22
狐……39,56	**は**	宝生流……75	弓ノ仕方……63
針……43	羽団扇……25	『骨皮』……43	妖怪……11,28,30
亀……34	『萩大名』……41,42	『盆山』……43	『横座』……43
……21	ハコビ……60,64		四番目物……15
……19,34	『羽衣』……10,15,17,18,19,34	**ま**	
……11,15,24,27	橋がかり……4	舞……6,11,69,77	**ら／わ**
……19	『橋弁慶』……27	舞衣……19	龍女……21
扇			
舞……70	『八句連歌』……43	枕ノ扇……62	流派……75
……10,18,34	初舞台……24,69	負け修羅扇……35	六条御息所……20,21
寺……21,36	囃子（方）……5,8,68,69,75	『間違いの喜劇』……66	輪冠……19,34
……53	番組……74	『まちがいの狂言』……66	ワキ（方／柱）……4,7,75
家康……70	般若……10,21,33	松の立木台……37	脇狂言……42
秀吉……70	半袴……47	『水掛聟』……43	脇能物……15
	『髭櫓』……38,50	水衣……23,53	
	単狩衣……35	源 義経……13,24,27	
尼……43	美男鬘……51,64	源 義朝……27	
……26	披キ……69	源 頼朝……27	
八撥』……42	武悪……49,59	源 頼政……28,29	
平餅』……43	笛（方／柱）……4,8,75	源 頼光……30	

監修	野上記念法政大学能楽研究所
企画・制作	やじろべー
	ナイスク　http://naisg.com
	松尾里央　高作真紀　岡田かおり　宿谷佳子　岩井萌子　山本愛香
制作協力	山田幸子
デザイン・DTP	ヨダトモコ
イラスト	杉本千恵美
写真提供	横浜能楽堂（公益財団法人横浜市芸術文化振興財団）（p3、p5、p72）／公益社団法人能楽協会（p14『羽衣』シテ 北浪貴裕、p32『羽衣 替之型』シテ 金春穂高、p36『道成寺』シテ 本田光洋、p42・58『附子』シテ 松田高義、p76『土蜘蛛』シテ 観世銕之丞）／独立行政法人日本芸術文化振興会 国立能楽堂（p8笛／太鼓／小鼓／大鼓、p33勝ち修羅扇／負け修羅扇、p35猩々（文化庁所蔵）、p58肩衣、p59賢徳（文化庁所蔵）、うそふき（文化庁所蔵）、智猿、ふくれ、武悪）／金沢能楽美術館（p33唐織／狩衣／紅入鬘扇／鬼扇、p34小面、面の裏、p35般若／蛙）／法政大学能楽研究所（p70、71）／法政大学鴻山文庫／一般社団法人 佐渡観光協会（p70、72）／正法寺（p70）／大膳神社（p72）
参考資料／参考文献	『一歩進めて能鑑賞 演目別にみる能装束』（淡交社）／『一歩進めて能鑑賞 演目別にみる能装束II』（淡交社）／『岩波講座 能・狂言〈6〉能鑑賞案内』（岩波書店）／『岩波講座 能・狂言〈7〉狂言鑑賞案内』（岩波書店）／『岩波講座 能・狂言〈別巻〉能楽鑑図説』（岩波書店）／『面白いほどよくわかる能・狂言』（日本文芸社）／『開場二十五周年記念 国立能楽堂コレクション展 能の雅 狂言の妙』（国立能楽堂）／『金沢能楽美術館図録』（金沢市・金沢能楽美術館）／『カラー百科 見る・知る・読む 能五十番』（勉誠出版）／『カラー百科 写真と古図で見る 狂言七十番』（勉誠出版）／『狂言記（新日本古典文学大系58）』（岩波書店）／『現代語訳日本の古典〈14〉隅田川・柿山伏』（学習研究社）／『茂山宗彦・茂山逸平と狂言へ行こう』（旬報社）／『新版 能・狂言事典』（平凡社）／『新編日本古典文学全集（58）謡曲集（1）』（小学館）／『新編日本古典文学全集（59）謡曲集（2）』（小学館）／『図説日本の古典12能・狂言』（集英社）／『世阿弥（別冊太陽 日本のこころ173）』（平凡社）／『伝統芸能家になるには（なるにはBOOKS）』（ぺりかん社）／『のう・きょうげんの本』（独立行政法人 日本芸術文化振興会）／『能・狂言・歌舞伎（絵で見てわかるはじめての古典⑧）』（学研教育出版）／『能・狂言・風姿花伝（新潮古典文学アルバム）』（新潮社）／『能・狂言を楽しむ本（カルチャー図解）』（主婦と生活社）／『能楽入門① 初めての能・狂言』（小学館）／『能楽入門③ 梅若六郎 能の新世紀 古典～新作まで』（小学館）／『能楽鑑賞百一番』（淡交社）／『能楽大事典』（筑摩書房）／『能楽ハンドブック改訂版』（三省堂）／『面からたどる能楽百一番』（淡交社）／『"笑い"の古典芸能 狂言の大研究』（PHP研究所）／文化デジタルライブラリー（http://www2.ntj.jac.go.jp/dglib/）

本書は2015年8月現在の情報に基づいて編集・記述しています。

大研究 能と狂言の図鑑

2016年2月5日初版第1刷印刷　2016年2月10日初版第1刷発行

編集　国土社編集部

発行　株式会社　国土社
　　　〒102-0094 東京都千代田区紀尾井町3-6
　　　TEL 03-6272-6125　　FAX 03-6272-6126　　http://www.kokudosha.co.jp

印刷　株式会社　厚徳社

製本　株式会社　難波製本

NDC 773　80P　29cm　ISBN978-4-337-27921-6 C8374
© 2016 KOKUDOSHA/NAISG　Printed in Japan